LES

BEAUX-ARTS

EN 1867

PAR

M. RAYMON

Prix : 75 centimes.

PARIS
Ve JULES RENOUARD, LIBRAIRE-ÉDITEUR
6 — RUE DE TOURNON — 6

M DCCC LXVII

LES

BEAUX-ARTS

EN 1867

PAR

M. RAYMON

PARIS

Ve JULES RENOUARD, LIBRAIRE-ÉDITEUR

6 — RUE DE TOURNON — 6

M DCCC LXVII

LES BEAUX-ARTS EN 1867

La réunion, au Champ de Mars, des travaux de l'École française depuis une période de douze ans, nous fournit l'occasion de jeter un coup d'œil sur les conditions générales de la production des œuvres d'art à notre époque. Ce n'est pas la critique de telles ou telles œuvres que nous avons le dessein de faire ici ; des écrivains accrédités sont en possession de cette spécialité, — nous allions dire ce sacerdoce, — et, sans peser leurs titres à de si hautes fonctions, il ne nous coûte pas de faire à leurs travaux l'accueil que sollicitent, chaque jour, les produits littéraires de toute sorte de la presse périodique.

Nous nous proposons d'examiner les institutions qui régissent les beaux-arts et de dégager les influences qu'elles exercent sur leur développement.

Le point fondamental de cet examen est le patronage de l'État et son immixtion directe dans les choses d'art. Nous suivrons les phases successives de l'action officielle du Gouvernement dans l'enseignement, dans la distribution des travaux, dans les expositions, enfin dans le classement des artistes pour une série graduée d'encouragements et de récompenses.

Afin que l'information soit complète, toute réticence doit être bannie du débat, aussi bien que toute personnalité. Ce sera donc en thèse générale et à un point de vue philosophique que nous exposerons la situation et, au besoin, nos regrets et nos vœux.

Notre espérance n'est pas de provoquer des réformes immédiates, mais d'en préparer l'avénement plus ou moins prochain.

I

L'ÉCOLE DES BEAUX-ARTS.

Le rôle de l'École doit, en principe, être analogue à celui du Collége de France par rapport aux lycées ou colléges, celui d'un enseignement supérieur. Les études spéciales doivent se faire au dehors, sous la direction de professeurs du choix des élèves, et ceux-ci doivent trouver à l'École l'émulation de concours à tous les degrés, depuis la réception aux places jusqu'au prix de Rome.

Ainsi se passaient les choses quand l'Académie composait l'*aréopage* chargé de la direction des études et du jugement des concours.

Le décret du 14 août 1863 intervint brusquement et changea de fond en comble ces conditions traditionnelles.

Son effet immédiat fut la déchéance de l'Académie comme corps enseignant et jugeant. Des professeurs nommés par l'État et un jury tiré au sort la remplacèrent dans ces fonctions. De plus, des ateliers d'élèves furent ouverts à l'École même, pour les études spéciales, avec la gratuité complète, l'administration se chargeant de tous les frais quelconques, rémunération du professeur qu'elle choisit, local, chauffage, modèles antiques et vivants, etc.

Le libéralisme apparent de cette organisation n'est pas contestable, mais ce qui l'est davantage, c'est l'opportunité de ce libéralisme.

On ne voit pas pourquoi l'État se chargerait des frais d'apprentissage de tout individu *qui se croit une vocation* pour les arts, plutôt qu'il ne donne gratuitement, dans ses lycées, l'éducation littéraire.

La question budgétaire est, dans l'espèce, un moindre inconvénient que l'imposition *ne varietur* d'un enseignement officiel.

Quelle concurrence, en effet, peut s'établir en face de la gratuité absolue offerte par le Gouvernement ?

Le premier effet du système a été la fermeture de tous les ateliers privés.

Le second, la création, de par l'administration, d'une oligarchie exclusive de professeurs de son choix, comme se font les nominations des préfets et autres fonctionnaires.

Sans insister sur les cas possibles où l'administration, soumise à tant de pressions diverses, se tromperait dans le choix de ces professeurs imposés, n'est-il pas manifeste qu'il est fâcheux d'enchaîner, dès ses débuts, un jeune homme à qui on ne laisse d'autre alternative que celle de faire son éducation sous une direction qui peut lui être antipathique ou de ne la pas faire du tout ?

Et ne voit-on pas le vice flagrant d'un enseignement inféodé, à tout jamais, entre les mêmes mains ?

Première et dangereuse immixtion du Gouvernement dans des choses où l'indépendance est le premier gage du succès, ainsi que le démontre suffisamment la pléiade d'artistes d'élite formés par l'enseignement libre.

Il nous reste à parler du jury tiré au sort, pour classer les concours de l'École.

Si cette institution semble offrir des garanties d'indépendance, que d'inconvénients ne présente-t-elle pas?

Le sort peut désigner une série d'artistes les moins faits pour juger, non pas des œuvres d'art, mais des travaux dont la valeur est tout entière dans leur tendance.

Supposez, en effet, un jury composé, par le sort, de paysagistes et de peintres de genre : c'est ce qui doit arriver le plus souvent, cette catégorie étant, de beaucoup, la plus nombreuse. Leurs sympathies seront évidemment pour des tendances qui sont précisément des défauts dans l'ordre d'idées où se doivent poursuivre les études de l'École. De là, des jugements faits pour troubler à l'excès les élèves, déplacer le but de leurs recherches et, de proche en proche, abaisser le niveau des études.

Quelle suite, quelle cohésion peuvent avoir des jugements portés tantôt dans un sens, tantôt dans un autre, par des juges sans cesse renouvelés et les plus divers dans leur manière de voir et d'apprécier?

L'analogie est saisissante avec ce qui se passerait dans les études littéraires, si des encouragements contradictoires poussaient les élèves tantôt dans le sens du grand style, tantôt dans celui des procédés familiers au théâtre et au feuilleton modernes.

Nous dirons plus loin qu'autant cette théorie du tirage au sort est vicieuse en ce qui touche les études, autant elle est impérieusement indiquée pour les expositions annuelles, alors qu'il s'agit de juger des artistes dont les tendances, définitivement fixées, n'ont plus à être dirigées.

Notre conclusion est donc qu'il convient :

1° De rendre à l'École le rôle supérieur dont on l'a fait déchoir ;

2° De rendre la liberté à l'enseignement spécial, l'État abdiquant le rôle de professeur;

3° Enfin, de réintégrer l'Académie, qui, en somme, est l'autorité normale dans les arts, dans des fonctions dont elle a la tradition et dans lesquelles elle saurait, au besoin, apporter les modifications démontrées essentielles.

II

L'ADMINISTRATION DES BEAUX-ARTS.

Nous avons, dans le chapitre précédent, vu les agissements de l'administration sur les études. Nous allons les suivre dans le cours de la carrière de l'artiste.

Grâce aux sommes considérables et aux récompenses de toute sorte dont elle dispose, l'administration domine de haut toute la corporation. Chacun tourne peu ou prou les yeux vers cette *Alma Mater;* beaucoup s'y attachent pour en vivre le reste de leurs jours.

Un trait significatif de cette situation est l'attitude hautaine des membres de l'administration de tout ordre, y compris *les garçons de bureau*, dans leurs rapports avec les artistes.

Un autre trait non moins étrange est l'hostilité à peine déguisée des bureaux contre tout artiste cherchant, en dehors de leurs faveurs, à faire seul son chemin. C'est presque un insurgé !

L'abaissement qui résulte de cette dépendance est manifeste, et il serait intéressant de soumettre à une analyse psychologique les travers qui le caractérisent.

Pourquoi, par exemple, les artistes que la nature de leurs travaux porte, de préférence, aux spéculations généreuses et élevées, sont-ils, dans la pratique de la vie, les moins faits pour sauvegarder leur dignité et leur droit?

Pourquoi un déni de justice, un abus de pouvoir atteignant l'un d'eux, loin de rallier les confrères dans une sympathique solidarité, réjouissent-ils ceux qui ne sont pas touchés, jusqu'au jour où, touchés à leur tour, les rieurs trouvent la chose moins gaie?

Des raisons d'amour-propre ne suffisent pas à expliquer ce phénomène, dont il faut chercher les causes dans des habitudes de tutelle qui ne peuvent qu'abaisser les caractères.

Encore passerait-on l'éponge, en soupirant, sur un pareil *desideratum*, si l'impulsion donnée aux arts devait gagner à cette tutelle et si les aspirations élevées y trouvaient une aide réelle pour se produire.

Telle est l'idée que, dans le public, on se fait de cette administration dont le but, apparemment, est la protection du grand art.

Hélas! que cette illusion serait de courte durée si l'on pénétrait dans les mystères de la bureaucratie!

Deux principes différents, sinon contraires, y sont en effet en présence.

L'un, politico-philanthropique, qui consiste à satisfaire, avec une somme donnée, le plus grand nombre d'artistes possible, toute question de capacité à part, à la condition essentielle qu'ils soient suffisamment appuyés par de hautes influences.

L'autre, spécialement directeur du mouvement à imprimer aux arts. Ce dernier n'admet l'emploi des fonds de l'État qu'au bénéfice des tentatives supérieures et des œuvres élevées. Dans cette voie, où il s'agit de juger les tendances, les efforts et le talent, fonction haute et délicate, il faut des agents sérieux et éclairés.

Sans rechercher si la force des choses y contraint, est-il besoin de dire auquel de ces deux principes se rattachent les errements de l'administration?

Malheur à l'artiste obstinément simple qui, dans sa foi au talent, se contenterait de produire de bonnes œuvres et ne dépenserait pas le meilleur de son temps et de son intelligence à se rallier de puissants appuis, soit au sein de coteries dont l'organisation fait la force, soit dans ce monde où, du haut en bas, on se passe *la casse et le séné.*

La simple constatation des faits serait la plus amère des critiques et l'on s'affligerait, si l'on n'en pouvait rire, de la publication détaillée des dépenses faites dans un sens aussi étranger à celui que le budget se propose.

Heureuse administration, dont personne ne songe à contrôler ni les actes, ni les comptes, ni la composition personnelle !

N'est-ce pas le brillant météore d'où semblent jaillir les étoiles artistiques dont s'enorgueillit la France !

Bureaux hospitaliers qui, non contents de répandre leurs bienfaisances sur les artistes, offrent encore une retraite à tant d'épaves de la société, en créant à leur bénéfice, et aux frais du budget, les titres honorables d'inspecteurs et d'inspecteurs généraux des beaux-arts !

Dans quelles plus douces sinécures placerait-on ces ex-directeurs de théâtre, ces littérateurs retirés, ces naufragés de toute sorte, qu'aucun service sérieux ne saurait admettre sans stage préalable et qui, dans cette retraite dorée, n'ont plus à s'inquiéter désormais, même de ce qu'ils ont à inspecter !

Chose singulière, en passant : Faut-il caser un ancien

préfet, un fonctionnaire en disponibilité, ou un favori à un titre quelconque? il ne viendra pas à la pensée d'en faire un directeur des ponts et chaussées, un inspecteur du génie ou de la marine : non, mais les beaux-arts sont là, on les donne à diriger à ces messieurs, sans enquête, sans preuves préalables de capacité, et personne ne réclame. Nous avons vu cela sous tous les régimes ; c'est une tradition.

Tant d'intérêts, on le voit, se rattachent au maintien de ce qui existe, que ce serait la plus insensée des outrecuidances de prétendre y substituer ce qu'indique le bon sens.

On dit que le pire châtiment dont on pût menacer les anciens serfs était leur affranchissement.

Il en serait de même assurément chez les artistes, si l'administration proposait un jour de supprimer ses bureaux de bienfaisance honnêtement appelés des beaux-arts, de se désintéresser de toute prétention à une direction stérile quand elle n'est pas funeste, et de rentrer dans les conditions du consommateur intelligent qui se fournit où son intérêt personnel lui conseille de s'adresser.

Quels cris! quelles objurgations! quel thème à lieux communs déclamatoires sur la gloire, sur les obligations d'un grand pays, etc. !

Et pourtant, nous ne sachions pas que, du temps où fleurissaient les plus illustres entre les maîtres, cet épanouissement merveilleux fût dû à l'initiative de quelque bureau des beaux-arts. Il suffisait qu'un pape, qu'un souverain, qu'un grand seigneur aimât les arts, pour que le talent trouvât une issue. Nous disons, il est vrai, *qu'ils aimaient les arts*. Point capital, à ne pas perdre de vue.

III

LES EXPOSITIONS.

Tous les ans, à pareille époque, s'ouvre une exposition d'œuvres d'art, pour les artistes vivants.

Autrefois l'entrée de cette exposition, connue sous le nom de *Salon*, était gratuite. Depuis une quinzaine d'années, cette institution libérale n'a pu échapper au progrès qui s'est réalisé en toutes choses. L'entrée de l'exposition n'est accessible aujourd'hui que moyennant une rétribution de un franc, sauf les dimanches, où l'entrée est libre.

Les recettes perçues par les entrées flottent, bon an, mal an, entre 250,000 et 300,000 francs. C'est un beau denier, qui, bien employé, pourrait rendre de grands services. Or, sait-on ce que deviennent ces sommes? Elles vont simplement grossir le budget ordinaire des beaux-arts, et retournent par cette voie, dit-on, aux artistes sous forme d'achats et de commandes.

Nous voilà fixés, puisque le chapitre précédent nous édifie sur la façon dont sont faites ces répartitions sans contrôle, et sur le bénéfice médiocre qu'en recueille le développement de l'art.

Il paraîtrait cependant équitable que l'œuvre collective ne fût pas exclusivement profitable à quelques favorisés, et que la corporation tout entière bénéficiât de recettes auxquelles chacun contribue pour sa part.

Le principe admis, la réalisation en est plus facile qu'elle ne paraît de prime abord.

Il y a quelque vingt ans, le baron Taylor eut la pensée généreuse et féconde de fonder une association de secours, dans l'intérêt des artistes peintres, sculpteurs, dessinateurs et graveurs. Les adhésions à cette œuvre moralisatrice dépassèrent bientôt le chiffre de trois mille, et la fortune de la Société est aujourd'hui de plus de 25,000 francs de rente, qui sont chaque année distribués en secours.

Un avenir plus haut doit être réservé à cette Société, qui est l'assurance de tous les artistes contre l'infortune. Le jour viendra où tout sociétaire depuis une période de vingt-cinq ou trente ans aura droit à une pension de retraite honorable. Il est inutile d'insister sur l'abîme qui sépare la dignité du droit, de la sollicitation pénible d'une aumône, quelque délicatement que cette aumône soit faite.

Pour atteindre le plus promptement possible ce résultat, il faut que la fortune de la Société ait des éléments assurés d'accroissement, et l'on ne saurait en trouver de plus certains que dans les recettes des expositions annuelles. Deux ou trois cent mille francs ajoutés chaque année au capital de l'association en feraient, en peu de temps, une caisse prête à tous les services, aussi bien ceux des pensions de retraite de droit, que ceux des secours éventuels et urgents, qu'il faudrait ne pas supprimer complétement.

Ici plus d'arbitraire, plus de faveur ; les recettes faites aux expositions par tous les artistes, bénéficient réellement à tous les artistes.

Jaloux de protéger efficacement les arts et les artistes, l'État renoncerait volontiers à une source de revenus qu'il n'avait pas il y a vingt ans, alors que l'entrée de l'exposition était gratuite, et il prêterait, chaque année, comme il le faisait alors, un local et un personnel pour les expositions. Il atteindrait ainsi le double but qu'il se propose : celui de montrer aux artistes toute sa sollicitude, en leur fournissant le moyen de se produire et celui, non moins désirable, de raffermir les courages dans cette carrière incertaine, en mettant, désormais, les lutteurs malheureux à l'abri d'une vieillesse déshonorée par les étreintes de la misère.

Ces perspectives consolantes peuvent devenir des réalités; devons-nous toutefois l'espérer? Il est si peu dans la tradition de l'administration de se dessaisir de ses prérogatives que, pour tout esprit familier à ces matières, il est permis de douter.

IV

LES JURYS.

Les jurys, leur composition, leurs décisions, sont, tous les ans, le sujet d'amères récriminations. Leurs arrêts ont causé bien des douleurs et entravé bien des carrières.

Pour se renseigner sur cette question des jurys, il convient de jeter un coup d'œil rétrospectif sur les faits et gestes de l'institution, à des époques qui ne sont pas encore bien loin de nous. Il est de notoriété que des artistes qui, depuis, ont conquis le premier rang, se sont vu longtemps refuser les portes des expositions. Les jurés cependant qui prononçaient ces exclusions n'étaient, apparemment, ni moins capables, ni moins honnêtes que ceux d'aujourd'hui.

C'était, objectera-t-on, du temps où l'Académie apportait dans ses appréciations un esprit d'école exclusif et des traditions tyranniques!

Il faut accorder toutefois que cet esprit n'était pas tellement invincible que l'Académie n'ait appelé dans son sein quelques-uns des pionniers les plus avancés de l'esprit nouveau.

Il n'est pas moins juste de reconnaître que les partis pris des membres de cette assemblée se rattachaient à un ordre d'idées élevé et se proposaient de maintenir le niveau de l'art dans des régions supérieures.

Désintéressés d'ailleurs des concours, pour la plupart, par leur âge et leur position acquise, ils devaient être moins accessibles à des violences auxquelles ne peuvent se soustraire des hommes jeunes encore, et engagés, corps et âme, dans les lettres d'où ils attendent leur succès, leur réputation et leur fortune.

La vérité est que dans tout milieu, académique ou non, il se produit un courant d'idées qui ne tarde pas à devenir tyrannique, quand il triomphe, et auquel on cède de la meilleure foi du monde.

Quand tel membre de l'Académie, à peu près ignoré aujourd'hui, refusait, il y a vingt ans, les portes du Salon à tel indiscipliné, devenu illustre depuis, il était convaincu qu'il sauvait l'art du naufrage du mauvais goût.

Qui peut affirmer que les jurés d'aujourd'hui soient à l'abri de semblables entraînements? et qui peut dire que, dans vingt ans, les victimes de leurs arrêts n'auront pas, à leur tour, créé un courant qui reléguera leurs féroces juges dans une ombre vengeresse?

Cela s'est vu, cela se verra, quels que soient les juges.

Étudions maintenant le mode actuel de recrutement des jurys.

L'Académie régnait depuis longtemps, des ambitions impatientes surgissaient et, d'autres causes latérales aidant, l'autorité fut, dans les expositions, comme dans les études, enlevée à l'Académie.

Le suffrage universel des artistes exposants fut chargé de désigner le jury.

Après expérimentation, le droit de vote fut restreint aux seuls artistes déjà récompensés, en sorte que les intéressés au jugement sont précisément ceux qui ne nomment pas leurs juges.

Pourquoi ce cens électoral ? Pourquoi cette défiance ?

Chose étrange, au reste ! l'un et l'autre de ces modes donnèrent des résultats identiques, et, tous les ans, les mêmes noms sortent de l'urne. C'est une oligarchie nouvelle qui a détrôné l'ancienne, et, à son tour, elle suscite les mêmes cris, provoque les mêmes désespoirs.

On s'aperçoit aujourd'hui que si rien n'est plus séduisant, en théorie, que la faculté, pour les artistes, de nommer leurs juges, il en faut beaucoup rabattre dans la pratique.

A qui la faute ? Aux artistes eux-mêmes, sans doute.

La plupart ne votent pas et laissent ainsi le champ libre aux habiles. Quel intérêt d'ailleurs, peuvent avoir à voter des hommes que les arrêts du jury n'intéressent que platoniquement?

De quelque façon que l'on qualifie cette abstention, elle est un fait, à ce point que, chaque année, une centaine de votants suffit pour faire la besogne.

Or, si chaque prétendant a, par devers lui, une clientèle d'une dizaine d'amis auxquels il recommande la liste arrêtée à l'avance, cette liste passe forcément. L'événement justifie pleinement la manœuvre, à tel point qu'il semble superflu, à l'avenir, de recourir au vote, puisque la liste est invariablement la même tous les ans.

Aussi n'est-ce pas un stérile honneur que d'être membre du jury.

Dans ce pays de fanfaronnades démocratiques, où les

instincts de subordination semblent innés, c'est toujours une situation profitable de tenir dans ses mains la fortune de ses contemporains.

Admettre et refuser n'est d'ailleurs que la moitié des attributions de ce poste envié. Les récompenses sont décernées par le même cénacle où fleurit audacieusement l'axiome utilitaire : « Charité bien ordonnée commence par soi et les siens. » On crie bien un peu, mais les événements se pressent, les cris se perdent dans le passé, et ce qui est pris est bien pris.

Triste spectacle, qui eût assurément fort indigné s'il eût été donné par cette Académie chargée de tant d'iniquités! Il était réservé aux artistes de fournir cette variante à l'éternelle comédie des grenouilles demandant un roi.

Dans l'état actuel des choses, pourquoi ne pas recourir au seul mode à l'abri de toute critique, celui du tirage au sort du jury? C'est ainsi que l'on procède dans les affaires les plus graves qui se puissent présenter, celles où l'honneur et la vie des justiciables sont en jeu, et l'on considère que le jury des assises est une des plus grandes conquêtes des temps modernes.

Pourquoi? Le procédé était tellement indiqué qu'il faut bien supposer que manifestement on ne l'a pas voulu. Les fermiers actuels ne consentiront jamais à se laisser déposséder, et la toute-puissante administration, qui laisse faire, ne voit sans doute pas de mauvais œil le triomphe de ses préférés ; car de même qu'elle a ses antipathies, l'administration a ses tendresses.

Il est même sage de prévoir qu'il faudrait de gros événements pour provoquer des réformes. Le peu de cohésion des artistes entre eux, la crainte qu'a chacun de se compromettre en attachant le grelot, enfin l'espérance de beaucoup d'être admis au partage du butin, font que ces abus sont subis sans révolte et qu'à peine ose-t-on en manifester son dégoût en petit comité, quand on s'est bien assuré qu'on ne parle pas devant de *faux frères*.

Il nous reste à dire à quoi devraient se réduire les attributions du jury aux expositions annuelles : c'est ce que nous allons faire.

V

LES ADMISSIONS ET LES RÉCOMPENSES.

Dans toutes les carrières libérales, une série d'épreuves fait obtenir des diplômes qui confèrent le droit d'exercer. C'est ainsi que les médecins, les avocats, les ingénieurs ne relèvent plus que du public, une fois leurs degrés conquis, et ne voient pas, chaque année, remettre leur valeur en question dans la balance d'un jury.

Aux artistes seuls on a fait cette situation : un peintre, un sculpteur, un graveur sont sous la menace permanente d'une exclusion du Salon, eussent-ils derrière eux vingt ans d'honorables travaux et même de succès relatifs.

Sans insister sur ces cas extrêmes, qui ne sont pas si exceptionnels qu'on pourrait le croire, n'est-il pas blessant pour un homme qui a vieilli sous le harnais de se voir, à cinquante ou soixante ans, décerner une médaille qui le catégorise aux yeux du public? Que sera-ce donc s'il n'en reçoit pas? Sans doute un de ces fruits secs auxquels la clientèle est avertie de ne pas s'adresser.

Situation intolérable de n'être jamais assuré, dans la carrière des arts, d'exercer sans inquiétude sa profession, et de se voir condamné à un état de perpétuelle minorité!

La gestation et l'enfantement ne sont, en effet, pour les artistes, que la partie la moins laborieuse de leur œuvre. Celle-ci terminée, les angoisses commencent : les yeux anxieusement tournés vers le jury, chacun tremble en attendant la décision de ce maître sans appel. Pour lui, superbe et plein de confiance, il classe, il catégorise, il accepte, il rejette, sans daigner songer qu'il peut mettre à néant les plus persévérants efforts et compromettre les plus respectables intérêts.

Il va sans dire que nous ne parlons ici que de la foule des artistes, et non des heureuses personnalités que leurs succès acquis mettent hors de page.

Nous demandons que l'artiste ait les mêmes immunités que l'avocat et le médecin; nous demandons qu'une fois son diplôme conquis, il soit à tout jamais autorisé à montrer ses œuvres au public, à ses risques et périls. C'est la condition *sine quâ non* de sa *sécurité* et de sa *dignité!*

Voici, à notre sens, comment les choses devraient se pratiquer :

L'exposition annuelle se composerait de deux catégories distinctes. L'une, le vrai Salon, renfermerait les œuvres des artistes diplômés; l'autre, celles des artistes aspirant à l'être.

Chaque année, un jury, tiré au sort parmi les artistes déjà diplômés, désignerait, dans la deuxième catégorie, ceux auxquels l'épreuve doit être favorable; et la puérile distinction de la médaille deviendrait un diplôme donnant à l'artiste le droit perpétuel d'exposer au Salon.

L'exposition préparatoire que nous proposons n'aurait aucun des inconvénients du Salon des refusés, qui prêtait à tiré de confiance et qui, pour les meilleurs, était plus une flétrissure qu'une protestation.

Donc, plus de refusés, plus de plaintes, plus de passe-droits : une règle comme partout. Le jury tiré au sort donne les meilleures garanties d'équité, et l'opinion souveraine du public, qui juge en dernier ressort, est faite pour stimuler encore son zèle.

Quelle fortune pour l'administration ! Elle n'aurait plus à se commettre dans la lutte, et son rôle se bornerait à écarter les œuvres immorales et à préparer les locaux, qui sont assez vastes, chacun le sait, pour se prêter à cette combinaison, en dehors de laquelle il y aura toujours matière à amères protestations.

C'en serait fait enfin de ce laborieux échafaudage de récompenses graduées, digne des bancs de l'école, et les artistes, rentrant dans le droit commun, laisseraient au public le soin de décerner le seul encouragement désirable, son libre suffrage.

On ne peut retenir un sourire en songeant, par analogie, à l'effet que produirait le vote d'une médaille à un avocat ou à un médecin, après chaque plaidoirie éloquente ou chaque cure merveilleuse.

Les artistes seuls supportent ces enfantines et dangereuses réminiscences du temps où l'on était *fort en thème*.

Nous ne ferons même pas grâce aux récompenses de premier ordre, telles que les médailles d'honneur et ce fameux prix de 100,000 francs, dont l'annonce fit tant de bruit dans le monde.

Le péril des catégorisations est trop grand et le jugement des hommes trop sujet à erreur.

Nous dirons à l'administration : Gardez vos prix ; l'objectif que se proposent les artistes doit être plus haut que ce vulgaire appât, et la poursuite de l'idéal rêvé suffit à susciter de bonnes œuvres.

Puisque nous avons parlé du prix de 100,000 francs, qu'il nous soit permis, en passant, de signaler la perplexité dans laquelle les termes du décret ont jeté les artistes.

Comment, en effet, faire concourir ensemble la peinture, la sculpture et l'architecture?

Prenons notre point de comparaison dans des exemples de premier ordre : supposons trois chefs-d'œuvre en présence : la Transfiguration, la Vénus de Milo et le Parthénon. Auquel donnera-t-on le prix?

Le concours, dans ces conditions, est tout simplement impossible. Il n'est pas d'esprit éclairé qui déclare que l'une de ces œuvres l'emporte sur l'autre.

C'est pousser bien loin, sans doute, l'inconvenance de la critique : le prix a été annoncé, l'effet a été excellent, que faut-il de plus?

Exemple frappant des erreurs auxquelles entraîne la tradition des encouragements et des récompenses.

VI

INFLUENCE DE L'ADMINISTRATION SUR LES TENDANCES DE L'ART.

Nous avons dit au chapitre II dans quel système d'engrenages est engagée l'administration, pour la répartition des sommes dont elle dispose.

A défaut de principes arrêtés qui règlent sa conduite, elle cède à toutes les influences du monde et de la mode, et, trop souvent, par son adhésion, elle consacre des tendances funestes et des travaux sans valeur.

C'est ainsi qu'il n'est pas sans exemple de la voir prendre au sérieux les essais de femmes du monde que la distraction du pinceau ou de l'ébauchoir délasse des préoccupations de l'élégance et du *high-life ;* ou ceux d'officiers à qui les loisirs de la garnison permettent de couvrir des toiles ou de modeler des statues. « *Anch' io son' pittore.* » Ces sortes de travaux se récompensent, s'achètent et se placent dans nos musées côte à côte avec les œuvres des maîtres. C'est une confusion.

Avant de condamner absolument l'administration, tenons-lui compte toutefois de quelques-unes de ses nécessités.

N'est-ce pas l'administration? c'est-à-dire un des mille canaux de l'organisme centralisateur?

Comment échapperait-elle aux conditions de son existence?

Il ferait beau voir chaque membre de cet immense faisceau s'aviser du bien pour le bien, sans souci du mécanisme général !

Voilà les circonstances atténuantes, comme on dit en termes du palais, pour des condescendances fâcheuses envers les influences politiques.

Quant aux sympathies personnelles, qui n'en a pas? On est homme, après tout, et l'habitude du pouvoir sans contrôle amène bientôt à ne consulter que ses goûts.

Quoi qu'il en soit, l'influence d'une aussi puissante machine sur le mouvement des arts est considérable, et le jour où la fantaisie lui prend de déterminer un courant, elle y réussit pleinement.

Citons, comme exemple, l'état décadent de la grande peinture à notre époque. Personne ne niera qu'elle ait été une des gloires exclusivement personnelles à l'Ecole française. Pourquoi périclite-t-elle aujourd'hui, au point de tendre à disparaître?

En notre temps déshérité, les cerveaux seraient-ils réduits à un développement inférieur? Non; la cause est ailleurs, et la voici : l'Etat seul est en situation de soutenir les arts dans leur expression la plus élevée, et son ingérence, fâcheuse ailleurs, est indispensable ici. C'est ainsi qu'il subventionne les théâtres lyriques et littéraires de premier ordre; c'est ainsi qu'il entretient à ses frais les établissements sans rivaux de Sèvres et des Gobelins.

La grande peinture est essentiellement dans les mêmes conditions; elle ne peut vivre que soutenue et encouragée par l'Etat.

Or, que fait l'administration? Elle abandonne l'ordre d'idées dont elle seule peut et doit se faire conservatrice, alors même que tout le monde l'aurait délaissé, et elle double l'impulsion du goût bourgeois en faisant, par ses achats et ses encouragements, concurrence aux amateurs des tableaux de chevalet. En agissant ainsi, elle ferme les yeux à cette vérité élémentaire, que cette sorte de peinture s'encourage assez d'elle-même par les bénéfices qu'elle donne à ses auteurs, sans que l'Etat intervienne.

Reconnaissons cependant que, dans les discours officiels et en manière de période oratoire, l'administration ne manque pas de jeter quelques fleurs sur cette tombe où flottent encore les grandes ombres de nos maîtres.

L'effet de semblables tendances ne devait pas se faire longtemps attendre : d'année en année, les rangs des peintres de genre se grossissent des peintres d'histoire délaissés. Heureux encore, parmi ces derniers, ceux qui ont dans l'esprit et le talent assez de souplesse pour faire à temps peau neuve.

Imagine-t-on Michel-Ange réduit au régime des baigneuses et autres mièvreries modernes ?

Quant aux recrues nouvelles, l'exemple de ceux qui réussissent suffit à leur indiquer la voie.

La grande peinture va donc disparaissant, et le jour n'est pas éloigné, sans doute, où l'on n'en verra plus.

La pente que nous signalons se rattache, d'ailleurs, à un ordre d'idées général que nous n'avons pas à aborder ici. Nous nous bornons à constater que, s'il a pour objectif la popularité des multitudes, il a pour résultat de détourner des hautes entreprises.

En art, l'abaissement est manifeste quand les œuvres ne se proposent plus que la satisfaction du luxe, de la curiosité et du dilettantisme, au mépris du sublime *sursum corda*.

Il est regrettable que ces questions ne soient pas débattues mûrement par des hommes de grand cœur et d'esprit éclairé.

Il est regrettable que la fantaisie ait forcé les portes du sanctuaire où devrait se perpétuer la grande tradition.

Il est regrettable surtout que, dans un pays qui se pique d'être, dans les arts, à la tête du monde, le budget et le patronage de l'Etat servent précisément à nous faire descendre de notre piédestal, pour nous mettre au niveau de ceux qui nous considéraient comme leurs maîtres.

Paris. — Typographie Hennuyer et fils, rue du Boulevard, 7.

A LA MÊME LIBRAIRIE

Grammaire des arts du Dessin, architecture, sculpture, peinture, jardins, gravure en pierres fines, gravure en médailles, gravure en taille-douce, eau-forte, manière noire, aqua-tinte, gravure en bois, camaïeu, gravure en couleurs, lithographie, etc., par M. Charles Blanc, ancien directeur des Beaux-Arts. 1 beau volume grand in-8° raisin, orné de nombreuses figures dans le texte. 20 fr.

Guide de l'amateur de faïences et porcelaines, poteries, terres cuites, peintures sur lave, émaux, pierres précieuses artificielles, vitraux et verreries, par M. Auguste Demmin. Troisième édition. 2 forts volumes in-18 de plus de 600 pages chacun, avec le portrait de l'auteur, contenant 160 reproductions de poteries, 1800 marques et monogrammes dans le texte, et trois tables de plus de 9000 articles, dont deux des marques et monogrammes par ordre générique et alphabétique. 18 fr.

..... Le renouvellement d'un tel Guide est aussi nécessaire que celui d'un Guide de voyageur, et vouloir se contenter de son exemplaire d'une précédente édition, est une économie fort mal entendue. Souvent, un seul objet acheté à bas prix, et en parfaite connaissance de cause, peut compenser cent fois la petite somme dépensée à l'achat d'un livre donnant scrupuleusement tout ce qui est nécessaire pour former de vrais connaisseurs.

Histoire des Peintres de toutes les Écoles, depuis la Renaissance jusqu'à nos jours. Texte par M. Charles Blanc et divers écrivains spéciaux. Illustrations par les plus habiles artistes, dessinateurs et graveurs. Chaque livraison contient un texte de 8 pages grand in-4°, papier vélin, imprimé avec le plus grand luxe, 4 ou 5 grav. dans le texte, portraits, fac-simile, etc. Prix de la livraison : 1 fr.

ÉCOLES TERMINÉES :

École française. 3 volumes, 800 gravures. Prix des 3 vol. brochés. 150 fr.
École hollandaise. 2 vol., 500 gravures. Prix des 2 vol. brochés. 100 fr.
École flamande. 1 vol., 300 gravures. Prix du vol. broché. 60 fr.
École anglaise. 1 vol., 150 gravures. Prix du vol. broché. 35 fr.

Gros, sa vie et ses ouvrages, par J.-B. Delestre. Deuxième édition, revue et augmentée, avec 55 gravures, dont 44 fac-simile, des dessins et compositions inédits du maître. 1 beau volume grand in-8° jésus. 15 fr.

De la Physiognomonie. Texte, dessin, gravure, par J.-B. Delestre. 1 beau volume in-8° jésus, illustré de 539 figures dans le texte. 15 fr.

Raphaël d'Urbin et son père Giovanni Santi, par M. J.-D. Passavant. Édition française refondue et augmentée par l'auteur, revue et annotée par M. Paul Lacroix. 2 forts volumes in-8°, ornés d'un portrait, fac-simile, etc. 20 fr.

Paris. — Typographie Hennuyer et fils, rue du Boulevard, 7.

www.ingramcontent.com/pod-product-compliance
Ingram Content Group UK Ltd.
Pitfield, Milton Keynes, MK11 3LW, UK
UKHW032037260826
14628UKWH00007B/3009

9 782019 680664